Impressum
Verlag: BABADADA GmbH, Nedderfeld 112 , 22529 Hamburg
Geschäftsführer / Verlagsleitung: Harald Hof
Druck: Books on Demand GmbH, In de Tarpen 42, 22848 Norderstedt

Imprint
Publisher: BABADADA GmbH, Nedderfeld 112 , 22529 Hamburg, Germany
Managing Director / Publishing direction: Harald Hof
Print: Books on Demand GmbH, In de Tarpen 42, 22848 Norderstedt

1

school
skola

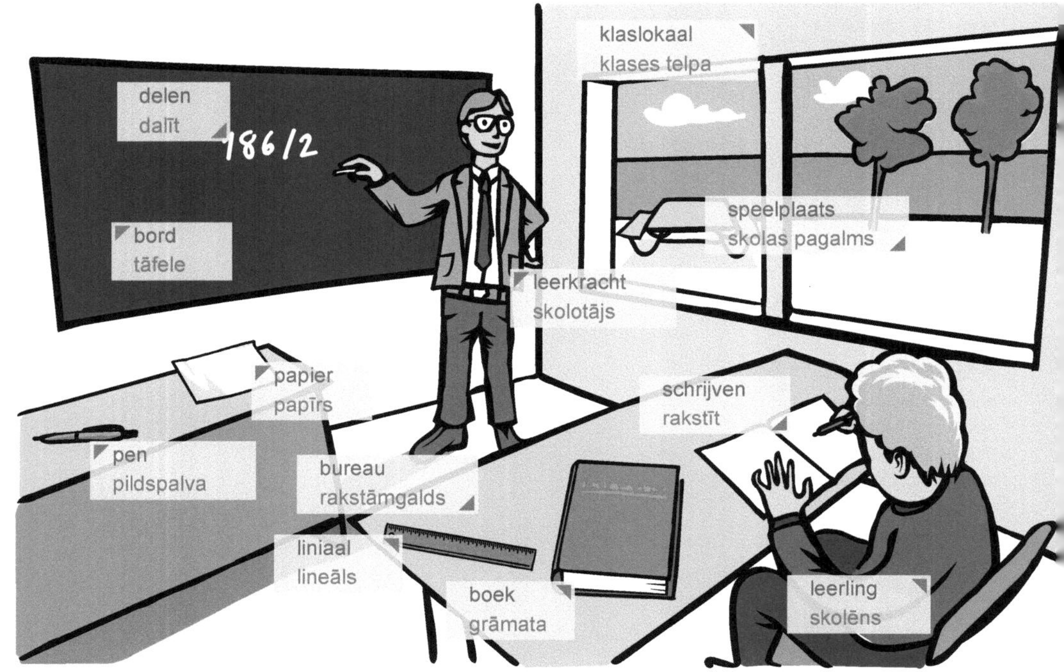
klaslokaal
klases telpa
delen
dalīt
186/2
bord
tāfele
speelplaats
skolas pagalms
leerkracht
skolotājs
papier
papīrs
schrijven
rakstīt
pen
pildspalva
bureau
rakstāmgalds
liniaal
lineāls
boek
grāmata
leerling
skolēns

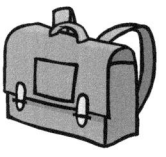

schooltas
skolas soma

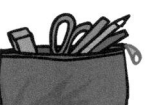

pennenzak
penālis

potlood
zīmulis

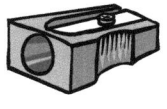

puntenslijper
zīmuļu asināmais

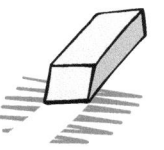

gom
dzēšgumija

tekenblok
zīmēšanas bloks

tekening

zīmējums

verfborstel

ota

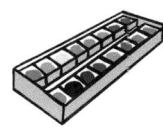

verfdoos

krāsas

schaar

šķēres

lijm

līme

werkboek

darba burtnīca

huiswerk

mājas darbs

nummer

skaitlis

optellen

saskaitīt

aftrekken

atņemt

vermenigvuldigen

reizināt

rekenen

rēķināt

letter

burts

alfabet

alfabēts

woord

vārds

tekst

teksts

Lezen

lasīt

krijt

krīts

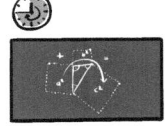

les

mācību stunda

klassenboek

žurnāls

examen

eksāmens

certificaat

liecība

schooluniform

skolas forma

onderwijs

izglītība

encyclopedie

enciklopēdija

universiteit

universitāte

microscoop

mikroskops

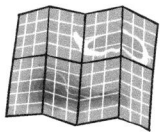

kaart

karte

papiermand

papīrgrozs

reis

ceļojums

hotel
viesnīca
Grand
jeugdherberg
hostelis
ROOMS
CHANGE
wisselkantoor
valūtas maiņas punkts
koffer
čemodāns
auto
automašīna

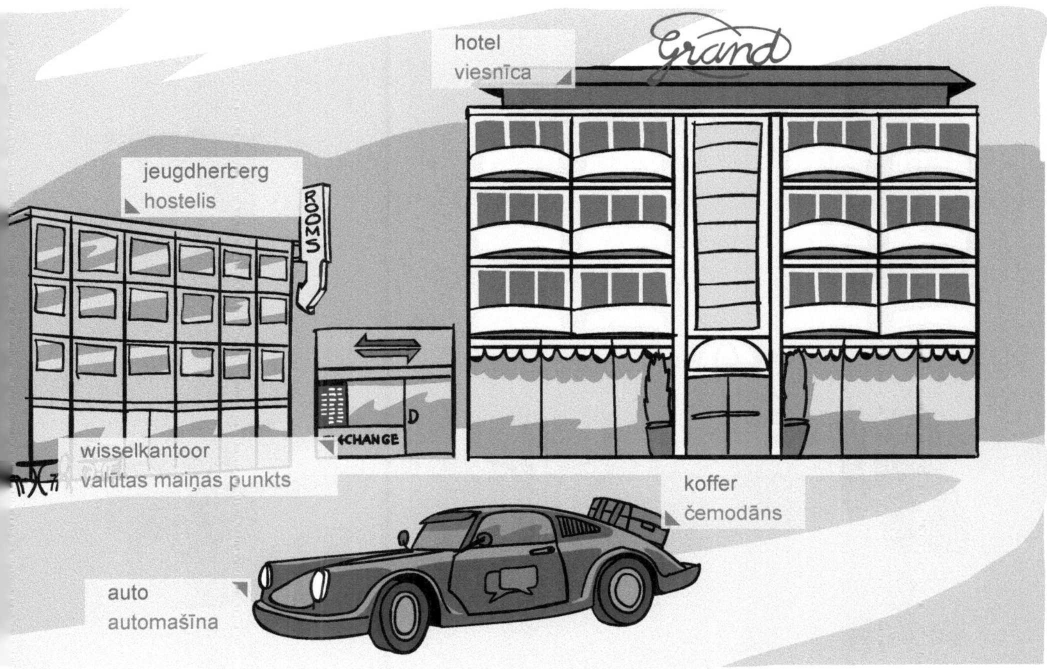

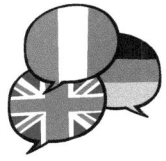

Taal

Valoda

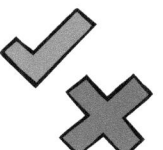

ja / nee

jā / nē

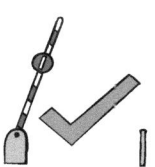

oké

Okay

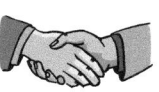

hallo

Sveiki!

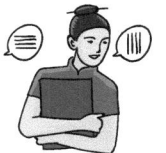

vertaler

tulks

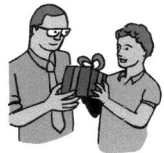

bedankt

paldies

Hoeveel kost …?

Cik maksā…?

Ik begrijp het niet

Es nesaprotu

probleem

problēma

Goedenavond!

Labvakar!

Goedemorgen!

Labrīt!

Goedenavond!

Ar labu nakti!

Tot ziens

Uz redzēšanos

richting

virziens

bagage

bagāža

zak

soma

rugzak

mugursoma

gast

viesis

kamer

istaba

slaapzak

guļammaiss

tent

telts

toeristeninformatie

tūrisma informācija

strand

pludmale

kredietkaart

kredītkarte

ontbijt

brokastis

lunch

pusdienas

avondeten

vakariņas

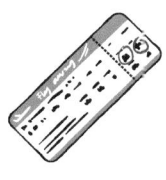

ticket

biļete

lift

lifts

postzegel

pastmarka

grens

robeža

douane

muita

ambassade

vēstniecība

visum

vīza

paspoort

pase

transport
transports

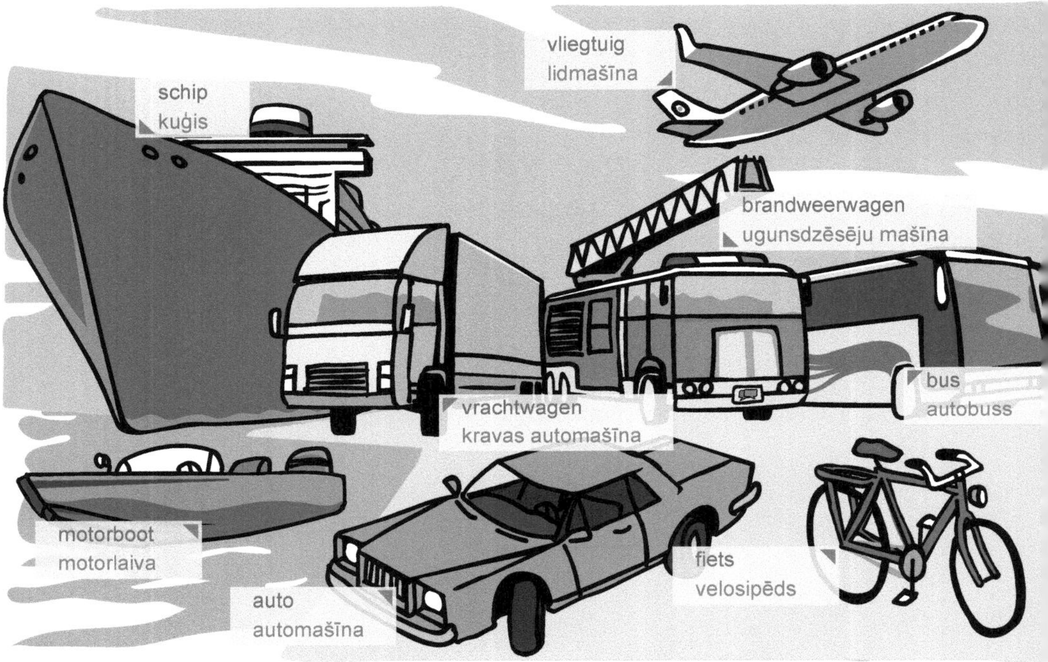

schip
kuģis
vliegtuig
lidmašīna
brandweerwagen
ugunsdzēsēju mašīna
vrachtwagen
kravas automašīna
bus
autobuss
motorboot
motorlaiva
auto
automašīna
fiets
velosipēds

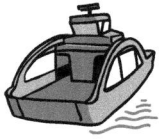

veerboot

prāmis

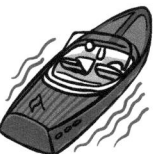

boot

laiva

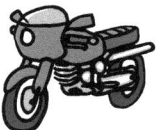

motor

motocikls

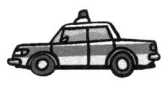

politiewagen

policijas automašīna

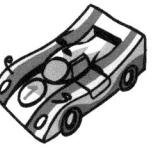

racewagen

sacīkšu automobilis

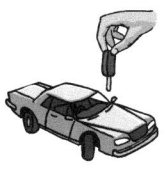

huurauto

nomas auto

carpoolen

auto koplietošana

sleepwagen

evakuators

vuilniswagen

atkritumu mašīna

motor

dzinējs

benzine

benzīns

benzinestation

degvielas uzpildes stacija

verkeersbord

ceļa zīme

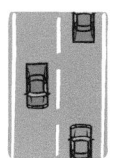

verkeer

satiksme

file

sastrēgums

parkeerplaats

stāvvieta

station

dzelzceļa stacija

sporen

sliedes

trein

vilciens

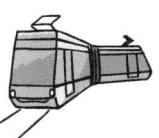

tram

tramvajs

wagon

vagons

helikopter

helikopters

luchthaven

lidosta

toren

tornis

passagier

pasažieris

container

konteiners

karton

kaste

kar

ratiņi

mand

grozs

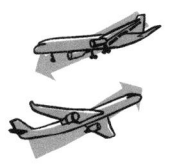

opstijgen / landen

pacelties / nosēsties

stad
pilsēta

dorp

ciems

stadscentrum

pilsētas centrs

huis

māja

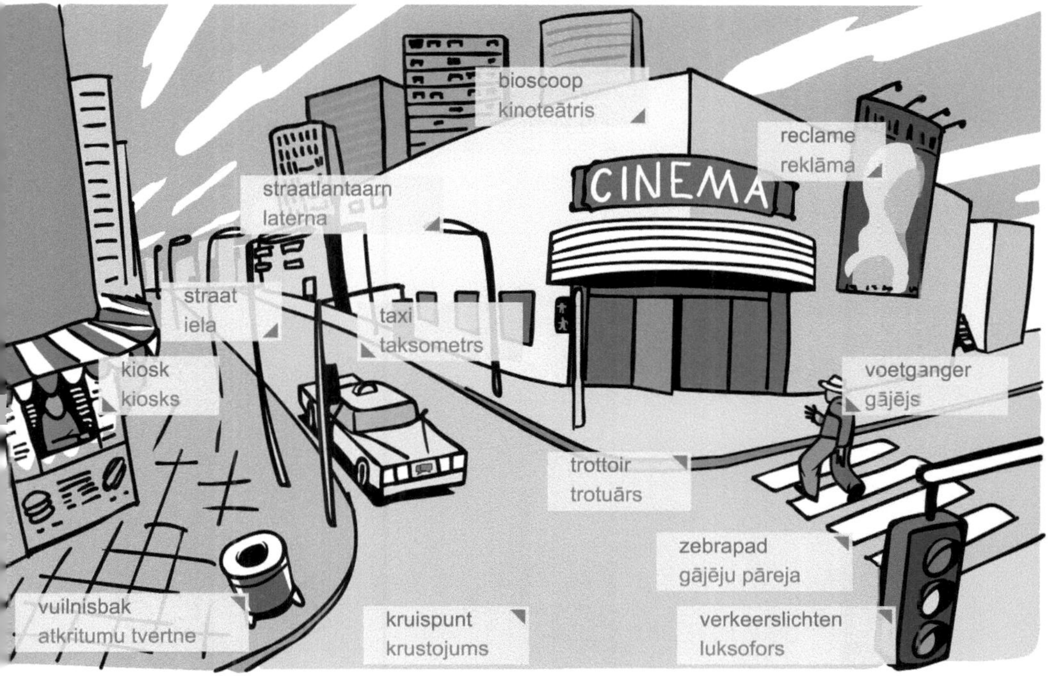

bioscoop
kinoteātris

reclame
reklāma

straatlantaarn
laterna

CINEMA

straat
iela

taxi
taksometrs

voetganger
gājējs

kiosk
kiosks

trottoir
trotuārs

zebrapad
gājēju pāreja

vuilnisbak
atkritumu tvertne

kruispunt
krustojums

verkeerslichten
luksofors

hut

būda

woning

dzīvoklis

station

dzelzceļa stacija

stadshuis

rātsnams

museum

muzejs

school

skola

universiteit
universitāte

bank
banka

ziekenhuis
slimnīca

hotel
viesnīca

apotheek
aptieka

kantoor
birojs

boekwinkel
grāmatnīca

winkel
veikals

bloemenwinkel
ziedu veikals

supermarkt
lielveikals

markt
tirgus

warenhuis
tirdzniecības centrs

vishandelaar
zivju tirgotājs

winkelcentrum
tirdzniecības centrs

haven
osta

park

parks

bank

sols

brug

tilts

trap

kāpnes

metro

metro

tunnel

tunelis

bushalte

autobusa pieturvieta

bar

bārs

restaurant

restorāns

brievenbus

pastkastīte

straatnaambord

ielas nosaukuma plāksne

parkeermeter

stāvlaika skaitītājs

zoo

zooloģiskais dārzs

zwembad

peldbaseins

moskee

mošeja

boerderij
zemnieku saimniecība

milieuverontreiniging
vides piesārņojums

kerkhof
kapsēta

kerk
baznīca

speelplaats
spēļu laukums

tempel
templis

landschap
ainava

blad
lapa

wegwijzer
ceļrādis

weg
ceļš

weide
pļava

steen
akmens

wandelaar
ceļotājs

boom
koks

rivier
upe

gras
zāle

bloem
puķe

vallei
ieleja

heuvel
kalns

meer
ezers

bos
mežs

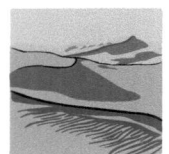

woestijn
tuksnesis

vulkaan
vulkāns

kasteel
pils

regenboog
varavīksne

paddenstoel
sēne

palmboom
palma

mug
moskīts

vlieg
muša

mier
skudra

bijl
bite

spin
zirneklis

kever
vabole

kikker
varde

eekhoorn
vāvere

egel
ezis

haas
zaķis

uil
pūce

vogel
putns

zwaan
gulbis

wild zwijn
meža cūka

hert
briedis

eland
alnis

dam
aizsprosts

windturbine
vēja ģenerators

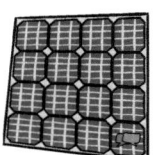

zonnepaneel
saules baterija

klimaat
klimats

restaurant

restorāns

ober
viesmīlis
menu
ēdienkarte
stoel
krēsls
soep
zupa
izza
ica
bestek
galda piederumi
tafelkleed
galdauts

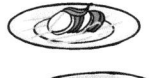

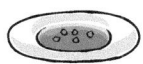

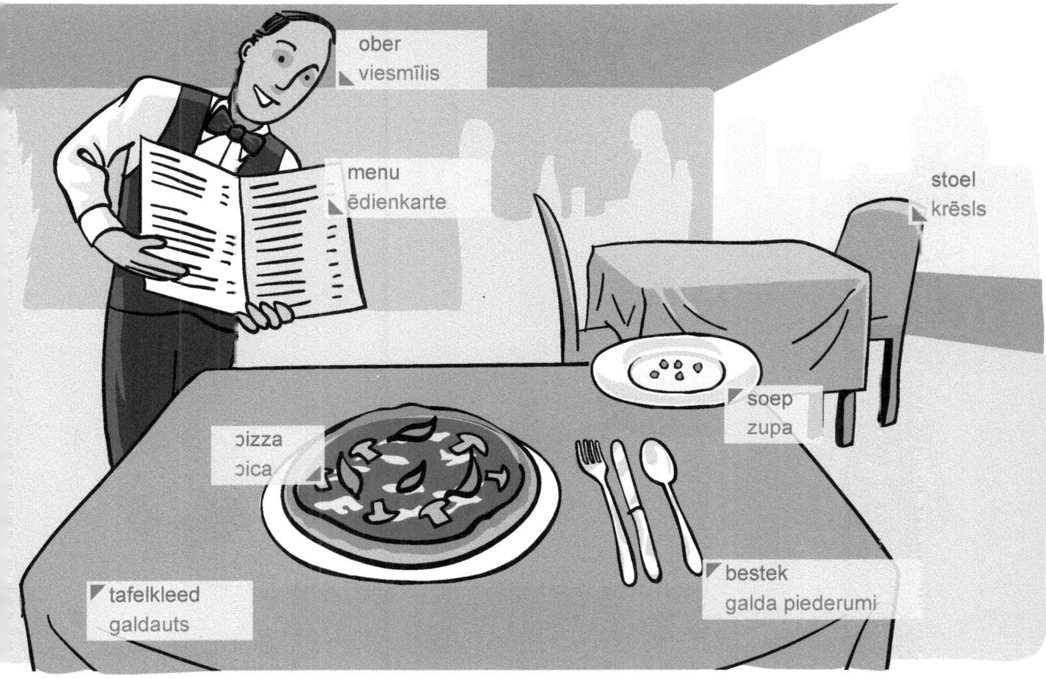

voorgerecht
uzkoda

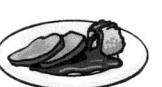

hoofdgerecht
pamatēdiens

nagerecht
deserts

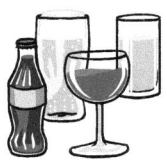

drankjes
dzērieni

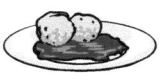

eten
ēdiens

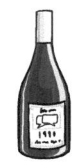

fles
pudele

fastfood

ātrās uzkodas

street food

ielu uzkodas

theepot

tējkanna

suikerpot

cukurtrauks

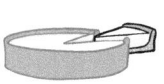

portie

porcija

espressomachine

espresso kafijas automāts

kinderstoel

bāra krēsls

rekening

rēķins

dienblad

paplāte

mes

nazis

vork

dakša

lepel

karote

theelepel

tējkarote

serviette

salvete

glas

glāze

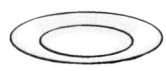

bord
škīvis

soepbord
zupas šķīvis

schoteltje
apakštase

saus
mērce

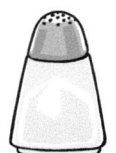

zoutvatje
sāls trauciņš

pepermolen
piparu dzirnaviņas

azijn
etiķis

olie
eļļa

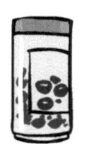 

kruiden
garšvielas

ketchup
kečups

mosterd
sinepes

mayonaisǝ
majonēze

supermarkt
lielveikals

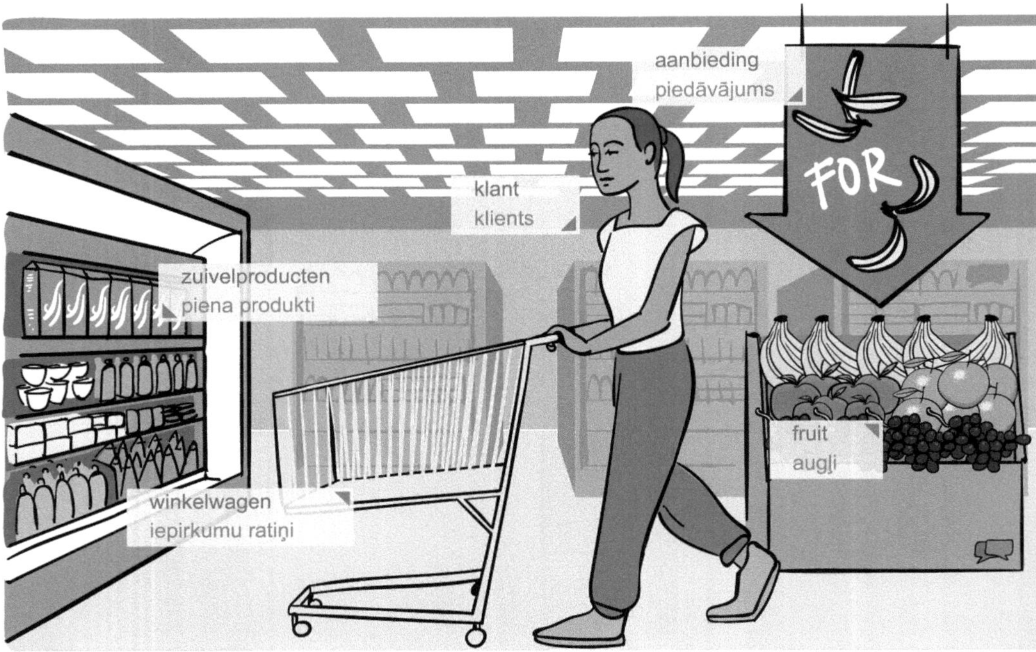

aanbieding
piedāvājums
FOR
klant
klients
zuivelproducten
piena produkti
fruit
augļi
winkelwagen
iepirkumu ratiņi

BUTCHERS

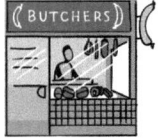

slagerij

kautuve

BAKERY

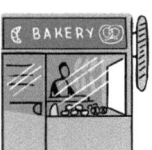

bakkerij

maizes veikals

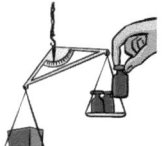

wegen

svērt

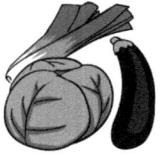

groenten

dārzeņi

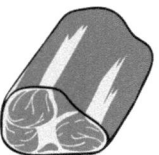

vlees

gaļa

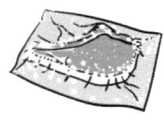

diepvriesvoedsel

saldēti produkti

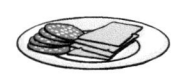

charcuterie

aukstās gaļas uzkodas

conserven

konservi

waspoeder

pulveris

snoep

saldumi

huishoudproducten

mājsaimniecības preces

schoonmaakproducten

tīrīšanas līdzeklis

verkoopster

pārdevēja

kassa

kase

kassier

kasieris

boodschappenlijstje

iepirkumu saraksts

openingstijden

darba laiks

portefeuille

maks

kredietkaart

kredītkarte

tas

soma

plastieken zakje

maisiņš

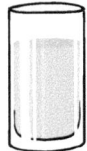

water
ūdens

sap
sula

melk
piens

cola
kola

wijn
vīns

bier
alus

alcohol
alkohols

cacao
kakao

thee
tēja

koffie
kafija

espresso
espresso

cappuccino
kapučīno

banaan

banāns

appel

ābols

sinaasappel

apelsīns

meloen

melone

citroen

citrons

wortel

burkāns

knoflook

ķiploks

bamboe

bambuss

ajuin

sīpols

champignon

sēne

noten

rieksti

noodles

makaroni

spaghetti

spageti

rijst

rīsi

salade

salāti

frieten

frī kartupeļi

gebakken aardappelen

cepti kartupeļi

pizza

pica

hamburger

hamburgers

sandwich

sviestmaize

kalfslapje

šnicele

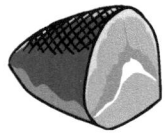

ham

šķiņķis

salami

salami

worst

desa

kip

vista

braden

cepetis

vis

zivs

havervlokken

auzu pārslas

muesli

muslis

cornflakes

brokastu pārslas

bloem

milti

croissant

radziņš

pistolet

brokastu maizītes

brood

maize

toast

tostermaize

koekjes

cepumi

boter

sviests

kwark

biezpiens

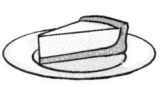

taart

kūka

ei

ola

spiegelei

cepta ola

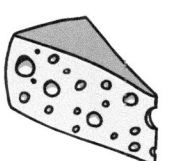

kaas

siers

eten - ēdiens

ijs

saldējums

suiker

cukurs

honing

medus

confituur

marmelāde

choco

riekstu krēms

curry

karijs

boerderij
zemnieku saimniecība

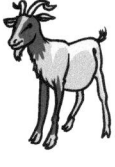

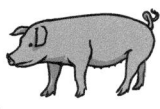

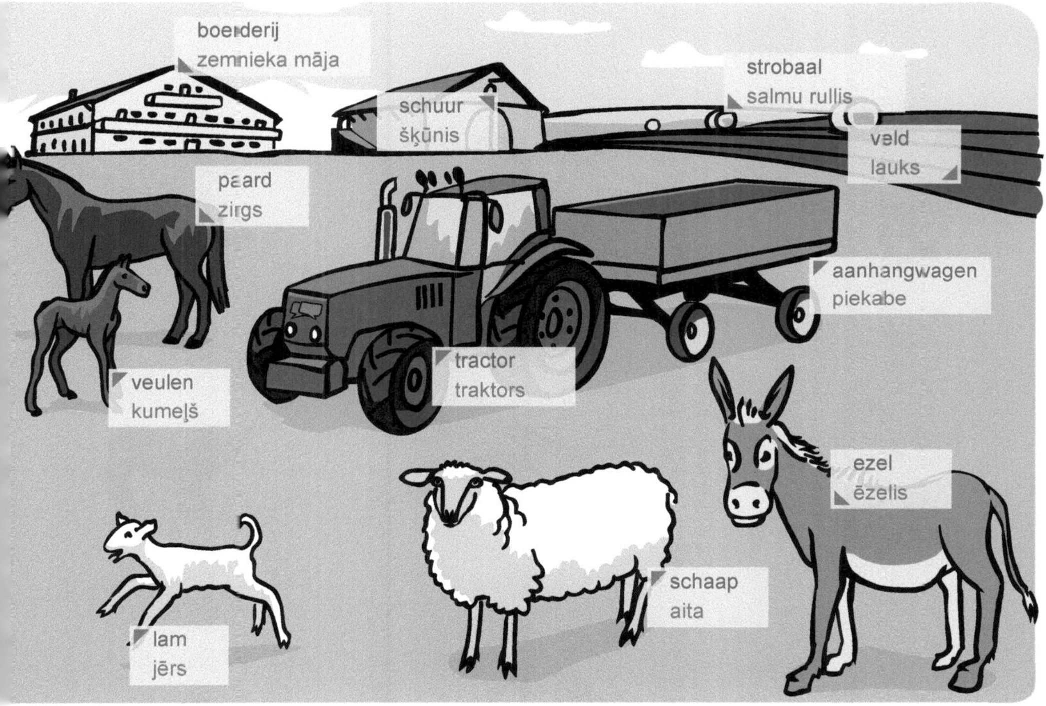

boerderij
zemnieka māja
schuur
šķūnis
strobaal
salmu rullis
veld
lauks
paard
zirgs
aanhangwagen
piekabe
veulen
kumeļš
tractor
traktors
ezel
ēzelis
schaap
aita
lam
jērs

geit

kaza

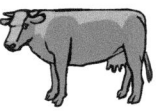

koe

govs

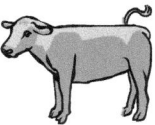

kalf

teļš

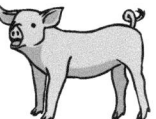

varken

cūka

biggetje

sivēns

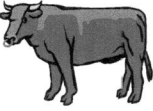

stier

bullis

gans
zoss

eend
pīle

kuiken
cālis

kip
vista

haan
gailis

rat
žurka

kat
kaķis

muis
pele

os
vērsis

hond
suns

hondenhok
suņa būda

tuinslang
dārza šļūtene

gieter
lejkanna

zeis
izkapts

ploeg
arkls

sikkel

sirpis

schoffel

kaplis

hooivork

mēslu dakša

bijl

cirvis

kruiwagen

ķerra

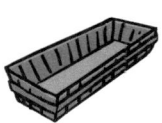

trog

sile

melkkan

piena kanna

zak

maiss

hek

žogs

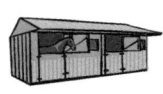

stal

kūts

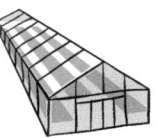

broeikas

siltumnīca

bodem

augsne

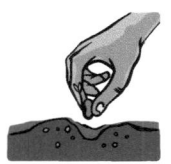

zaad

sēklas

mest

mēslojums

maaidorser

kombains

oogsten
novākt ražu

oogst
raža

yam
jamss

tarwe
kvieši

soja
soja

aardappel
kartupelis

maïs
kukurūza

koolzaad
rapsis

fruitboom
augļu koks

maniok
manioka

graan
labība

huis
māja

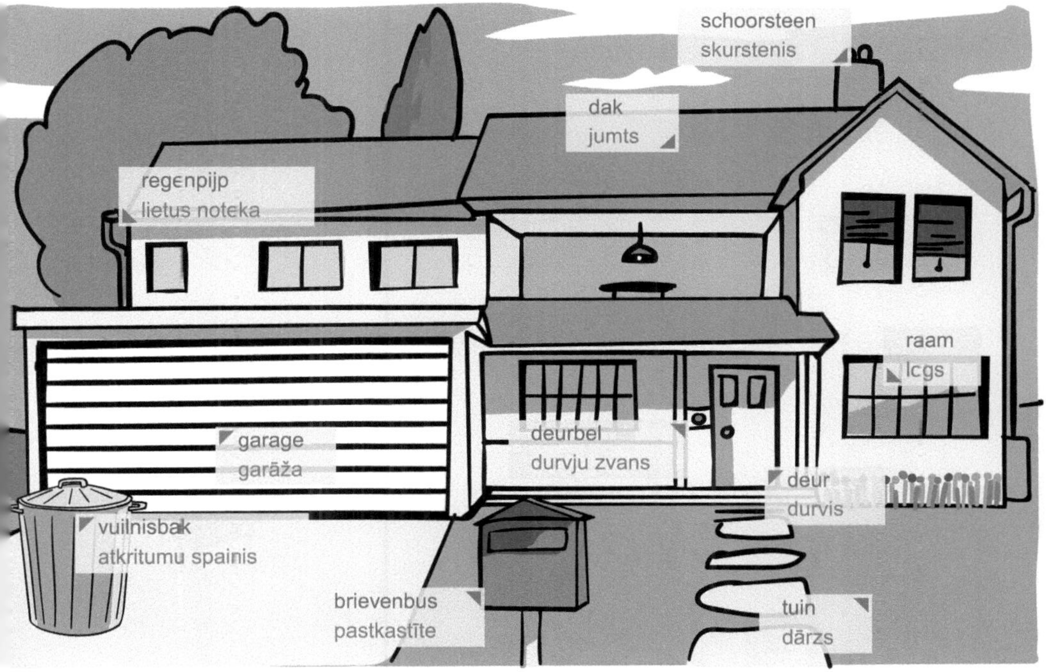
schoorsteen
skurstenis
dak
jumts
regenpijp
lietus noteka
raam
logs
garage
garāža
deurbel
durvju zvans
deur
durvis
vuilnisbak
atkritumu spainis
brievenbus
pastkastīte
tuin
dārzs

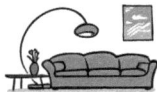

woonkamer

viesistaba

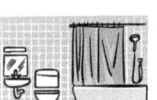

badkamer

vannas istaba

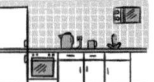

keuken

virtuve

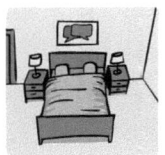

slaapkamer

guļamistaba

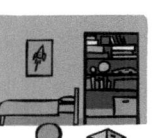

kinderkamer

bērnu istaba

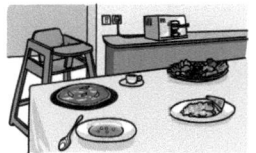

eetkamer

ēdamistaba

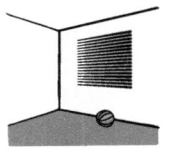

vloer
grīda

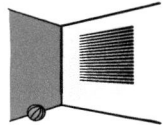

muur
siena

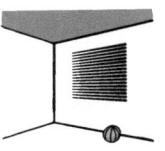

plafond
griesti

kelder
pagrabs

sauna
sauna

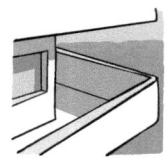

balkon
balkons

terras
terase

zwembad
baseins

grasmaaier
zāles pļāvējs

dekbedovertrek
gultas veļa

dekbed
sega

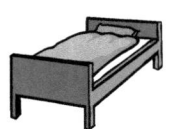

bed
gulta

bezem
slota

emmer
spainis

schakelaar
slēdzis

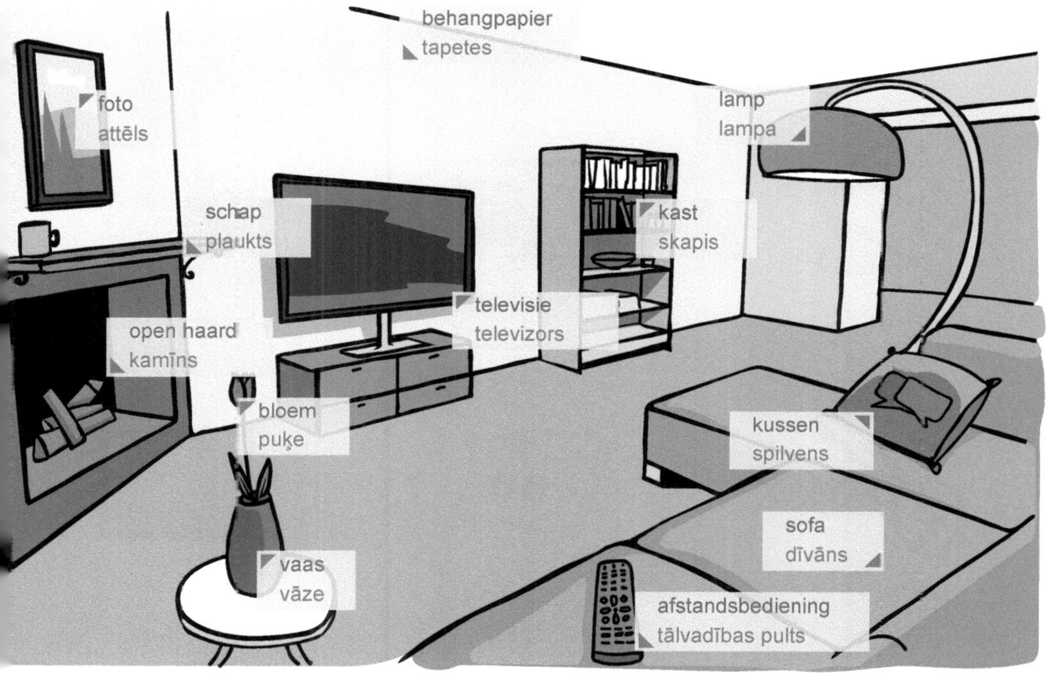

behangpapier
tapetes

foto
attēls

lamp
lampa

schap
plaukts

kast
skapis

open haard
kamīns

televisie
televizors

bloem
puķe

kussen
spilvens

sofa
dīvāns

vaas
vāze

afstandsbediening
tālvadības pults

mat

paklājs

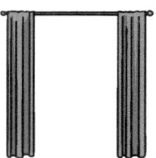

gordijn

aizkars

tafel

galds

stoel

krēsls

schommelstoel

šūpuļkrēsls

fauteuil

atpūtas krēsls

boek

grāmata

deken

sega

decoratie

dekorācija

brandhout

malka

film

filma

stereo-installatie

mūzikas centrs

sleutel

atslēga

krant

avīze

schilderij

glezna

poster

plakāts

radio

radio

notitieboekje

pierakstu blociņš

stofzuiger

putekļu sūcējs

cactus

kaktuss

kaars

svece

keuken
virtuve

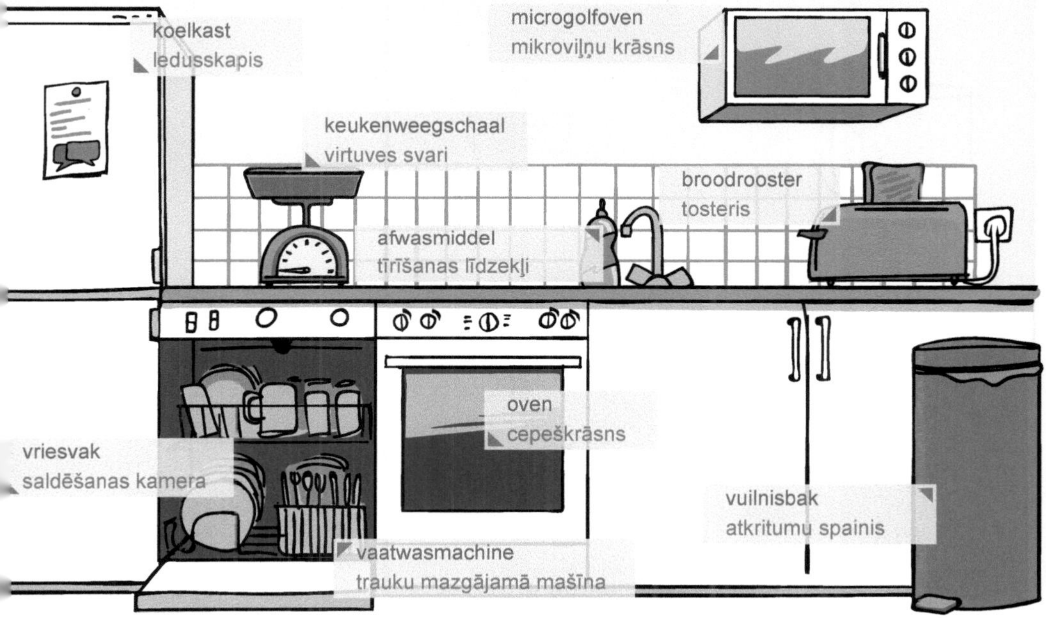
koelkast
ledusskapis
microgolfoven
mikroviļņu krāsns
keukenweegschaal
virtuves svari
broodrooster
tosteris
afwasmiddel
tīrīšanas līdzekļi
oven
cepeškrāsns
vriesvak
saldēšanas kamera
vuilnisbak
atkritumu spainis
vaatwasmachine
trauku mazgājamā mašīna

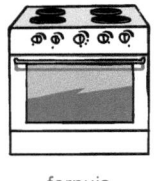

fornuis

plīts

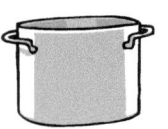

pot

pods

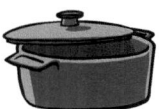

gietijzeren pot

katls

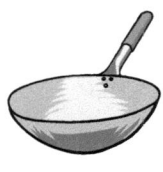

wok / kadai

Wok panna

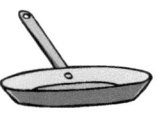

pan

panna

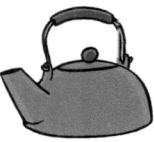

waterkoker

elektriskā tējkanna

stoomkoker
tvaika katls

bakplaat
cepešpanna

servies
trauki

mok
krūze

kom
bļoda

eetstokjes
irbulīši

pollepel
kauss

spatel
lāpstiņa

garde
putošanas slotiņa

vergiet
sietiņš

zeef
siets

rasp
rīve

mortier
piesta

barbecue
grilēt

haardvuur
atklāts pavards

snijplank

dēlis

deegrol

mīklas rullis

kurkentrekker

korķu vilķis

blik

bundža

blikopener

konservu nazis

pannenlap

virtuves cimdi

gootsteen

izlietne

borstel

birste

spons

sūklis

blender

mikseris

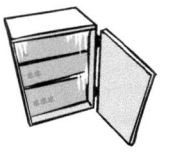

vriezer

saldētava

papfles

bērna pudelīte

kraan

ūdenskrāns

keuken - virtuve

badkamer
vannas istaba

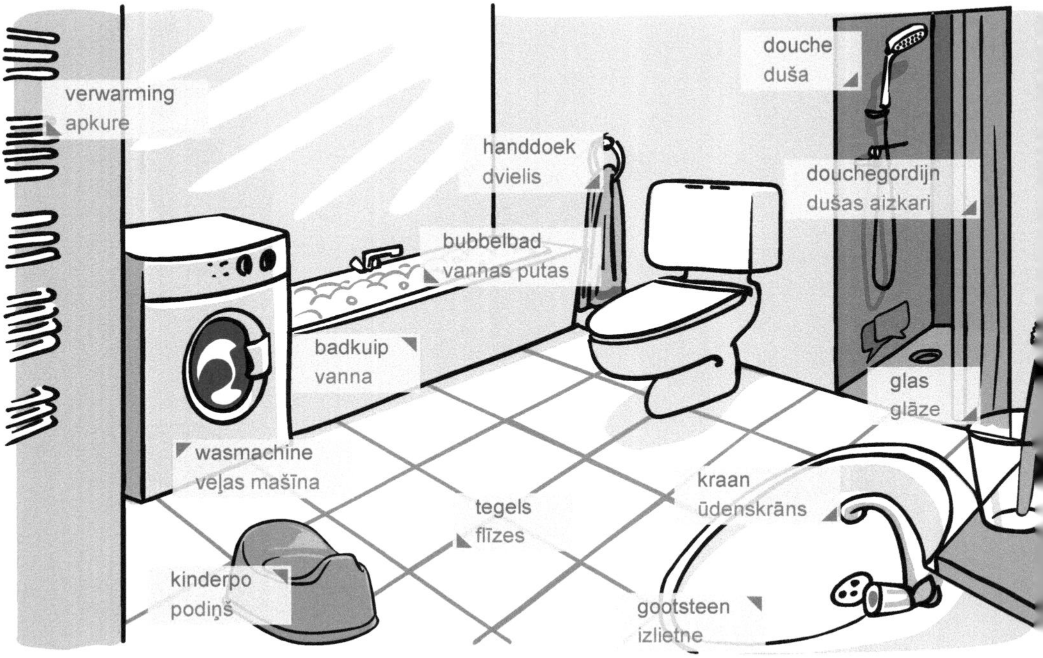
verwarming
apkure
handdoek
dvielis
douche
duša
douchegordijn
dušas aizkari
bubbelbad
vannas putas
badkuip
vanna
glas
glāze
wasmachine
veļas mašīna
kraan
ūdenskrāns
tegels
flīzes
kinderpo
podiņš
gootsteen
izlietne

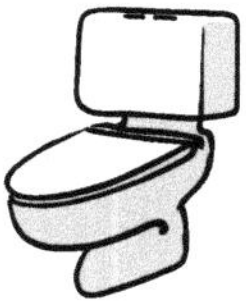

toilet

tualetes pods

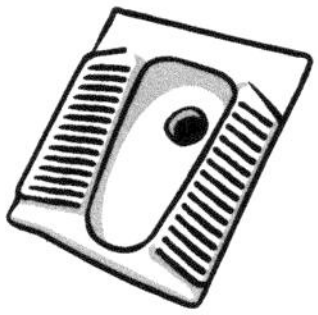

hurktoilet

Āzijas tipa tualete

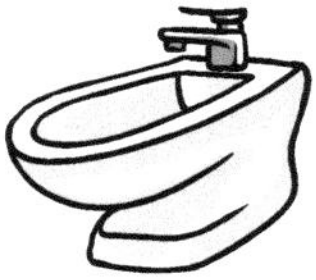

bidet

bidē

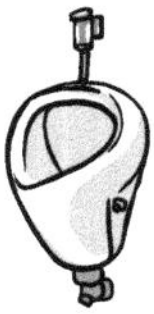

urinoir

pisuārs

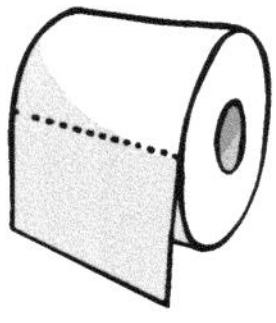

toiletpapier

tualetes papīs

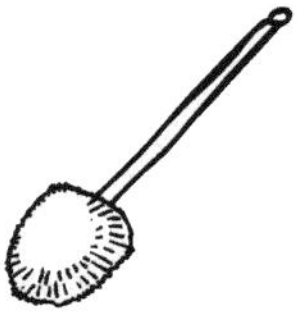

toiletborstel

tualetes birste

tandenborstel

zobu birste

tandpasta

zobu pasta

flosdraad

zobu diegs

wassen

mazgāt

handdouche

rokas duša

bidethanddouche

duša

waskom

bļoda

rugborstel

muguras mazgāšanas birste

zeep

ziepes

douchegel

dušas želeja

shampoo

šampūns

washandje

mazgāšanas drāna

afvoer

noteka

crème

krēms

deodorant

dezodorants

spiegel

spogulis

handspiegel

spogulītis

scheermes

skuveklis

scheerschuim

skūšanās putas

aftershave

losjons pēc skūšanās

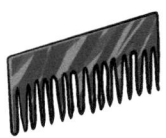

kam

ķemme

borstel

matu suka

haardroger

matu fēns

haarlak

matu laka

make-up

grima komplekts

lippenstift

lūpu krāsa

nagellak

nagulaka

watten

vate

nagelknipper

šķērītes

parfum

smaržas

toilettas

kosmētikas maks

kruk

ķeblītis

weegschaal

svari

badjas

halāts

latex handschoenen

tīrīšanas cimdi

tampon

tampons

maandverband

pakete

chemisch toilet

ķīmiskā tualete

kinderkamer
bērnu istaba

wekker
modinātājs
knuffel
mīkstā rotaļlieta
speelgoedauto
spēļu automašīna
rammelaar
grabulis
poppenhuis
leļļu māja
geschenk
dāvana

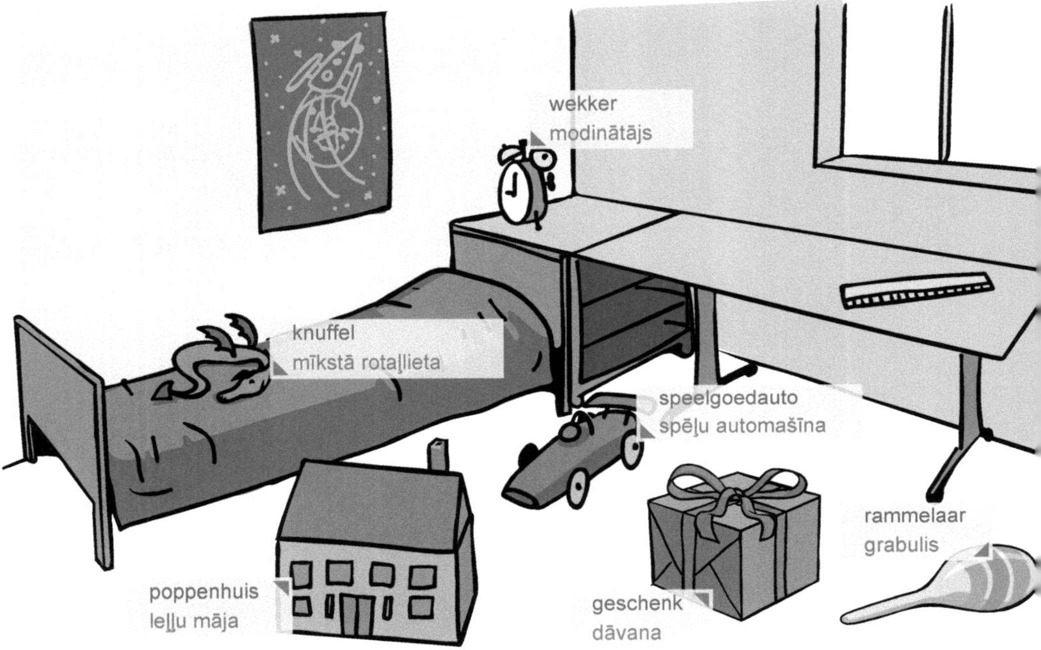

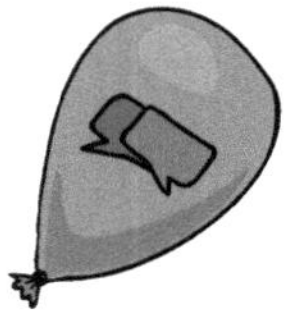

ballon
balons

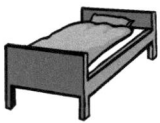

bed
gulta

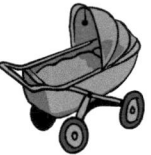

kinderwagen
bērnu ratiņi

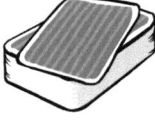

spel kaarten
kārtis

puzzel
puzle

SUPER
MEGA

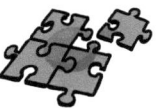

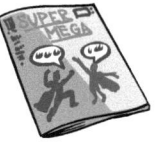

stripboek
komikss

legoblokjes

LEGO klucīši

blokken

klucīši

actiefiguur

varoņu figūra

kruippakje

rāpulītis

frisbee

lidojošais šķīvītis

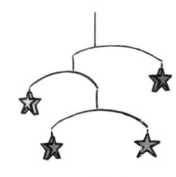

mobiel

muzikālais karuselis

bordspel

galda spēle

dobbelsteen

metamais kauliņš

modelspoorweg

rotaļu dzelzceļš

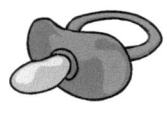

fopspeen

māneklis

feest

ballīte

prentenboek

bilžu grāmata

bal

bumba

pop

lelle

spelen

spēlēt

zandbak

smilšu kaste

schommel

šūpoles

speelgoed

rotaļlietas

spelconsole

spēļu konsole

driewieler

trīsritenis

knuffelbeer

plīša lācītis

kleerkast

drēbju skapis

kleding
apģērbs

sokken

īszeķes

kousen

zeķes

maillot

zeķbikses

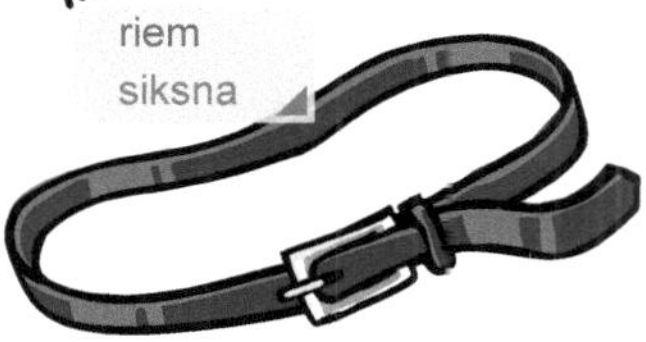

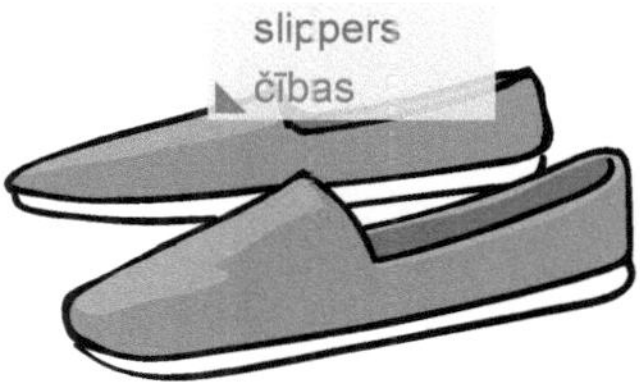

sjaal
šalle

paraplu
lietussargs

riem
siksna

T-shirt
T-krekls

laarzen
zābaks

slippers
čības

sneakers
botas

sandalen
sandales

schoenen
kurpes

rubberlaarzen
gumijas zābaki

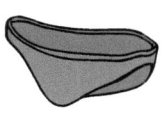
onderbroek
apakšbikses

beha
krūšturis

onderhemd
apakškrekls

lichaam

bodijs

broek

bikses

jeans

džinsi

rok

svārki

blouse

blūze

hemd

krekls

trui

pulovers

capuchontrui

džemperis

blazer

žakete

jas

jaka

jas

mētelis

regenjas

lietus mētelis

kostuum

kostīms

jurk

kleita

trouwjurk

kāzu kleita

pak
uzvalks

nachthemd
naktskrekls

pyjama
pidžama

sari
sari

hoofddoek
lakats

tulband
turbāns

boerka
burka

kaftan
kaftāns

abaya
abaja

badpak
peldkostīms

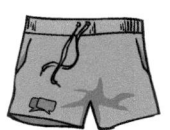

zwembroek
peldbikses

short
šorti

trainingspak
treniņtērps

schort
priekšauts

handschoenen
cimdi

knoop

poga

bril

brilles

armband

rokassprādze

ketting

kaklarota

ring

gredzens

oorbel

auskars

pet

cepure

kapstok

drēbju pakaramais

hoed

platmale

das

kaklasaite

rits

rāvējslēdzējs

helm

ķivere

bretellen

bikšturi

schooluniform

skolas forma

uniform

uniforma

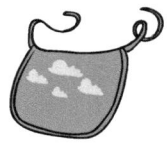

slabbetje

priekšautiņš

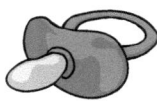

fopspeen

māneklis

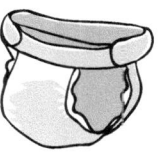

luier

autiņbiksītes

kantoor

birojs

server
serveris
dossierkast
dokumentu skapis
printer
printeris
papier
papīrs
monitor
monitors
muis
pele
bureau
rakstāmgalds
map
dokumentu vāki
toestenbord
klaviatūra
papiermand
papīrgrozs
computer
dators
stoel
krēsls

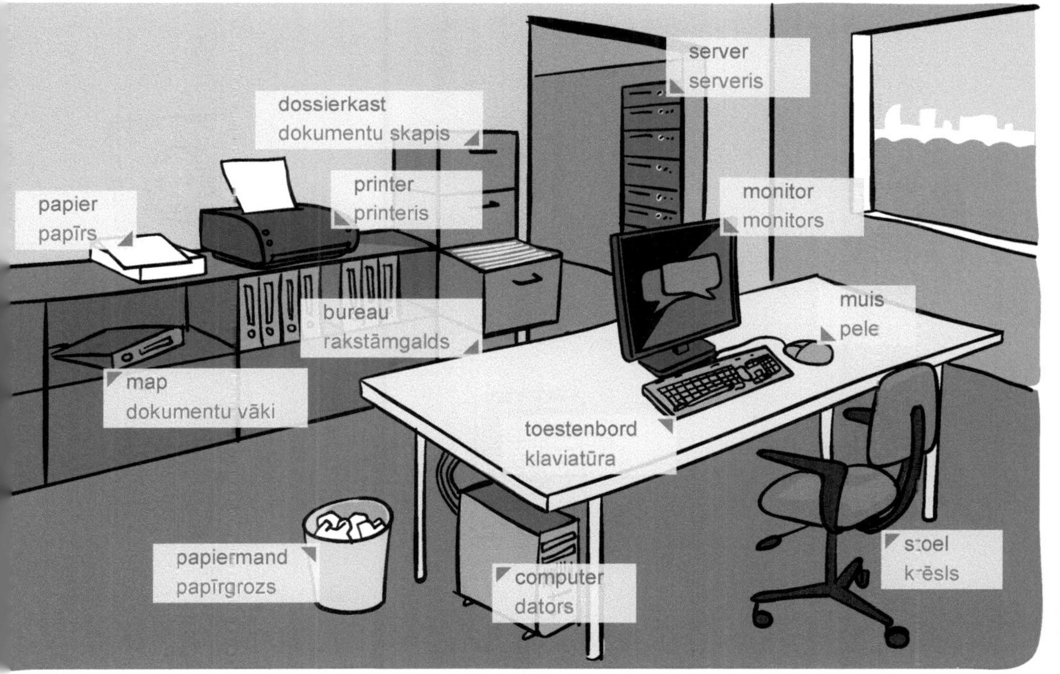

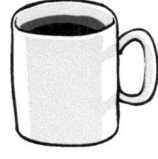

koffiemok

kafijas krūze

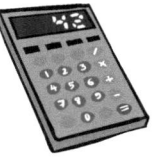

rekenmachine

kalkulators

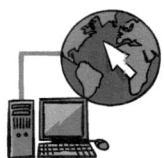

internet

internets

laptop

portatīvais dators

brief

vēstule

bericht

ziņa

gsm

mobilais tālrunis

netwerk

tīkls

kopieerapparaat

kopētājs

software

programmatūra

telefoon

telefons

stopcontact

rozete

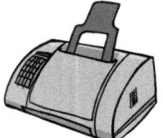

fax

faksa aparāts

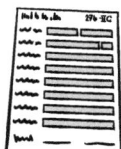

formulier

formulārs

document

dokuments

kopen

pirkt

betalen

samaksāt

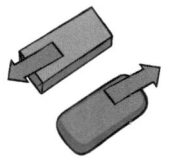

handelen

tirgot

geld

nauda

 **USD**

dollar

dolārs

 **EUR**

euro

eiro

 **JPY**

yen

jēna

 **RUB**

roebel

rublis

 **CHF**

Zwitserse frank

franks

 **CNY**

Chinese renminbi

juaņa renminbi

 **INR**

roepie

rūpija

geldautomaat

bankomāts

wisselkantoor

valūtas maiņas punkts

goud

zelts

zilver

sudrabs

olie

nafta

energie

enerģija

prijs

cena

contract

līgums

belasting

nodoklis

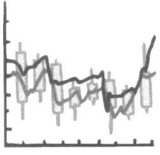

aandeel

akcija

werken

strādāt

werknemer

darbinieks

werkgever

darba devējs

fabriek

fabrika

winkel

veikals

beroepen
profesijas

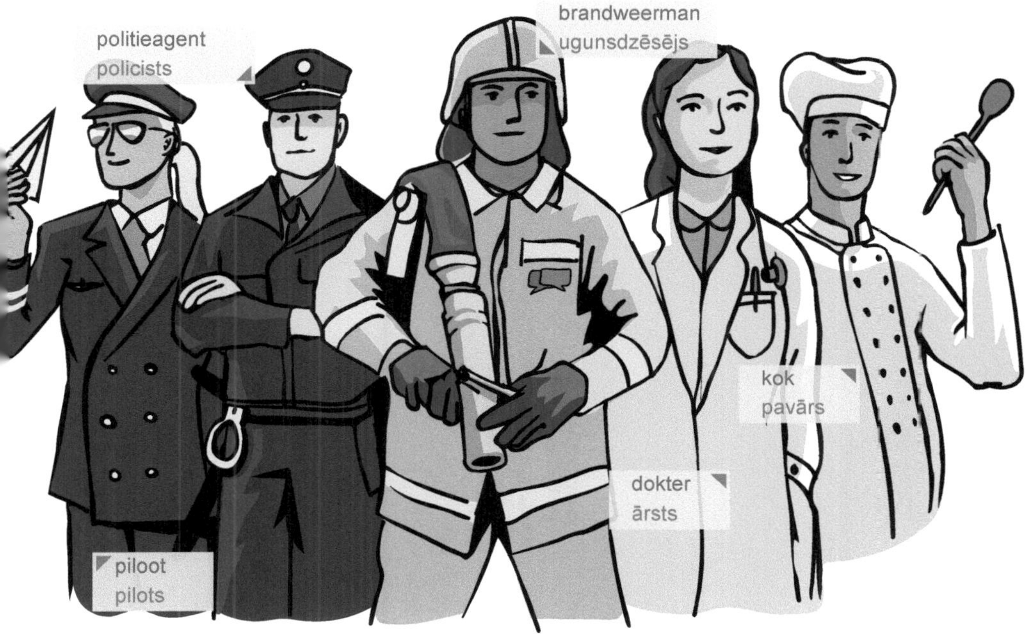
brandweerman
ugunsdzēsējs
politieagent
policists
kok
pavārs
dokter
ārsts
piloot
pilots

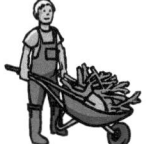

tuinman
dārznieks

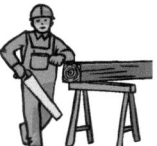

timmerman
galdnieks

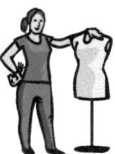

naaister
šuvēja

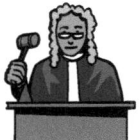

rechter
tiesnesis

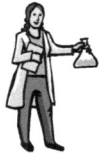

chemicus
ķīmiķis

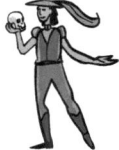

acteur
aktieris

buschauffeur

autobusa vadītājs

taxichauffeur

taksometra vadītājs

visser

zvejnieks

schoonmaakster

apkopēja

dakdekker

jumiķis

ober

viesmīlis

jager

mednieks

schilder

gleznotājs

bakker

maiznieks

elektricien

elektriķis

bouwvakker

celtnieks

ingenieur

inženieris

slager

miesnieks

loodgieter

skārdnieks

postbode

pastnieks

soldaat

karavīrs

architect

arhitekts

kassier

kasieris

bloemist

florists

kapper

frizieris

conducteur

konduktors

mecanicien

mehāniķis

kapitein

kapteinis

tandarts

zobārsts

wetenschapper

zinātnieks

rabbijn

rabīns

imam

imāms

monnik

mūks

geestelijke

mācītājs

werktuigen
instrumenti

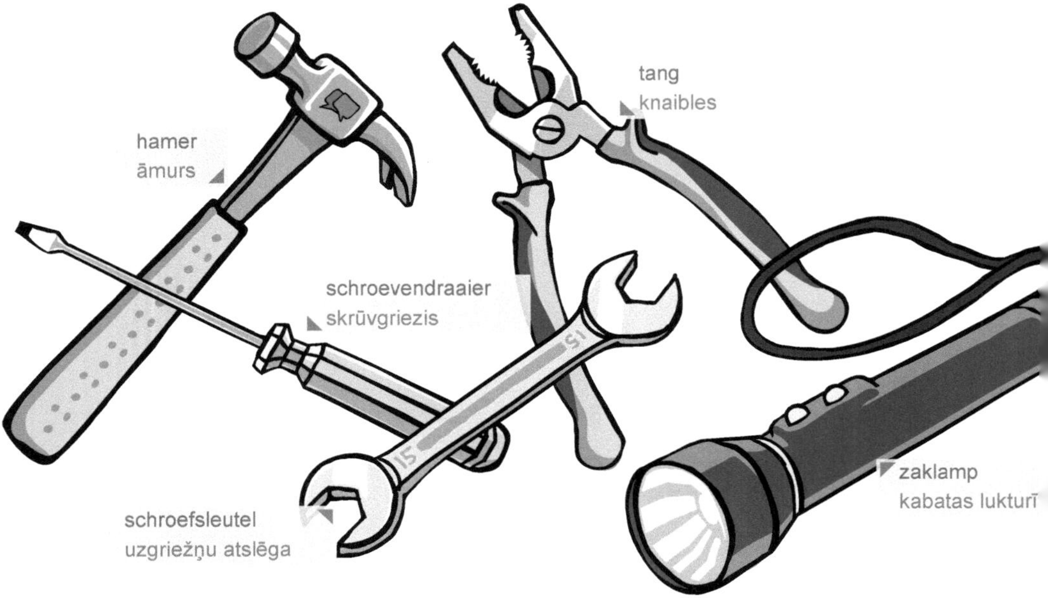
tang
knaibles
hamer
āmurs
schroevendraaier
skrūvgriezis
zaklamp
kabatas lukturī
schroefsleutel
uzgriežņu atslēga

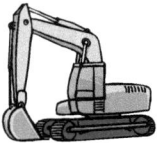

graafmachine

ekskavators

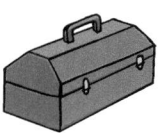

gereedschapskoffer

instrumentu kaste

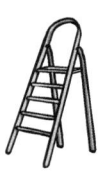

ladder

kāpnes

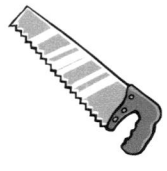

zaag

zāģis

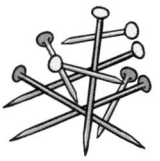

spijkers

naglas

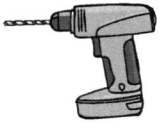

boormachine

urbis

repareren
remontēt

schop
lāpsta

Verdomme!
Velns!

blik
liekšķere

verfpot
krāsas bundža

schroeven
skrūves

muziekinstrumenten
mūzikas instrumenti

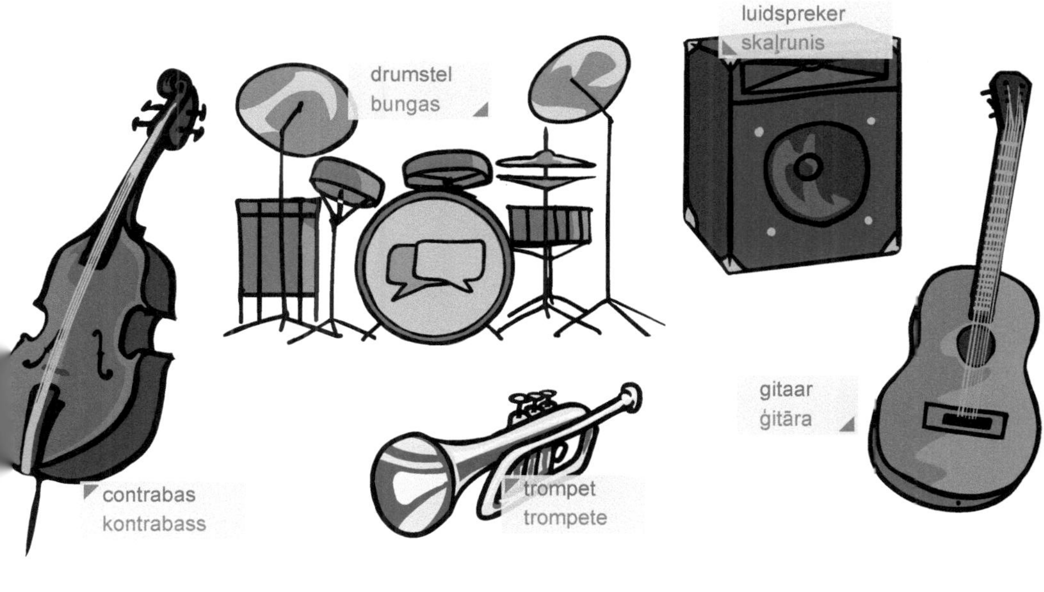

drumstel
bungas

luidspreker
skaļrunis

gitaar
ģitāra

contrabas
kontrabass

trompet
trompete

piano

klavieres

viool

vijole

basgitaar

bass

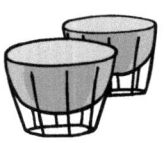

pauk

timpāni

trommels

bungas

keyboard

digitālās klavieres

saxofoon

saksofons

fluit

flauta

microfoon

mikrofons

zooloģiskais dārzs

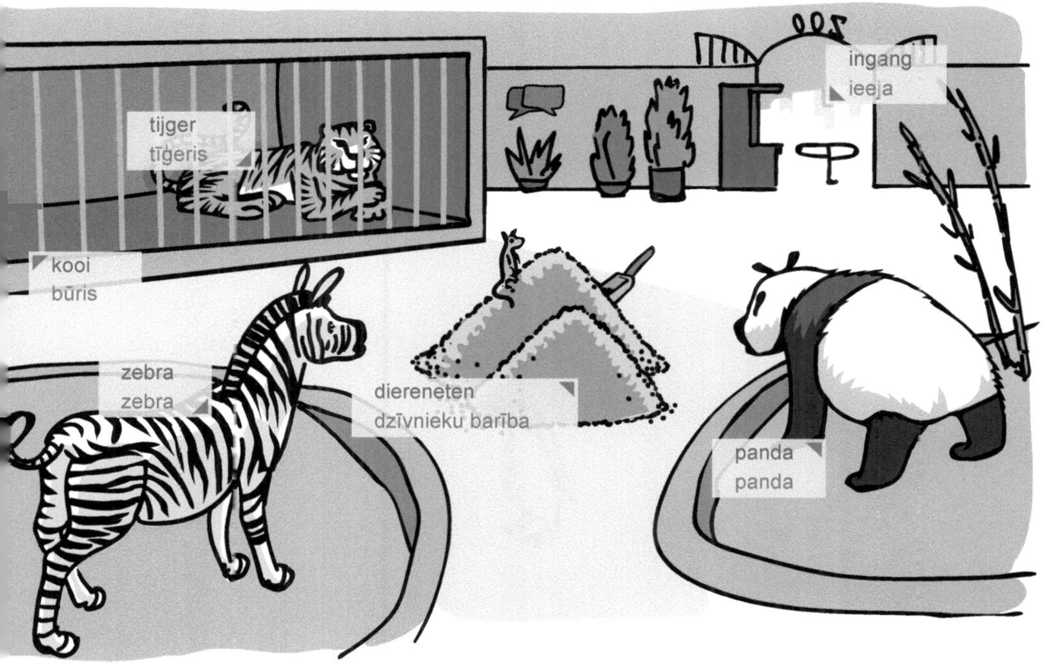

tijger
tīģeris

ingang
ieeja

kooi
būris

zebra
zebra

diereneten
dzīvnieku barība

panda
panda

dieren
dzīvnieki

olifant
zilonis

kangoeroe
ķengurs

neushoorn
degunradzis

gorilla
gorilla

beer
lācis

kameel

kamielis

struisvogel

strauss

leeuw

lauva

aap

pērtiķis

flamingo

flamings

papegaai

papagailis

ijsbeer

polārlācis

pinguïn

pingvīns

haai

haizivs

pauw

pāvs

slang

čūska

krokodil

krokodils

dierenverzorger

zoodārza sargs

zeehond

ronis

jaguar

jaguārs

zoo - zooloģiskais dārzs

pony

ponijs

luipaard

leopards

nijlpaard

nīlzirgs

giraffe

žirafe

adelaar

ērglis

wild zwijn

meža cūka

vis

zivs

zeeschildpad

bruņurupucis

walrus

valzirgs

vos

lapsa

gazelle

gazele

rugby
amerikāņu futbols

wielrennen
riteņbraukšana

tennis
teniss

basketbal
basketbols

zwemmen
peldēšana

boksen
bokss

ijshockey
hokejs

voetbal
futbols

badminton
badmintons

atletiek
vieglatlētika

handbal
rokas bumba

skiën
slēpošana

polo
polo

activiteiten
darbības

lachen
smieties
springen
lēkt
knuffelen
apskaut
wandelen
iet
zingen
dziedāt
dromen
sapņot
bidden
lūgt
kussen
skūpstīt

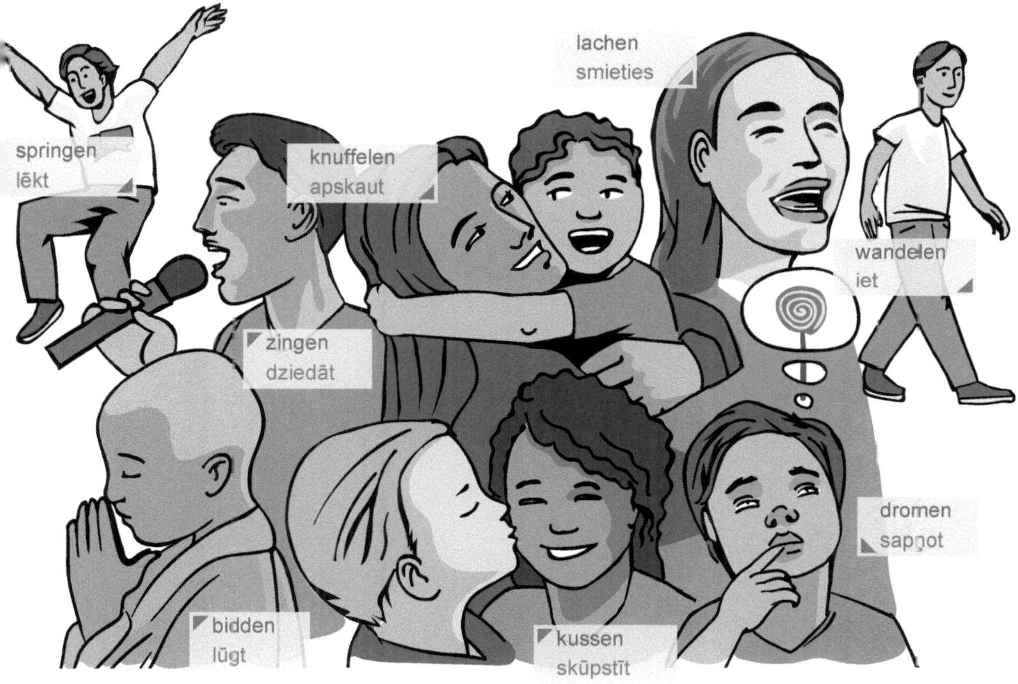

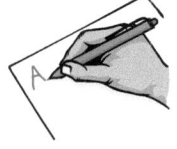

schrijven

rakstīt

tekenen

zīmēt

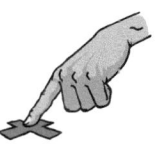

tonen

rādīt

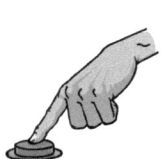

duwen

spiest

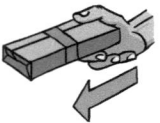

geven

dot

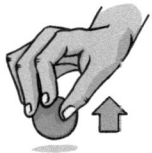

nemen

ņemt

hebben

būt

doen

darīt

zijn

būt

staan

stāvēt

lopen

skriet

trekken

vilkt

gooien

mest

vallen

krist

liggen

gulēt

wachten

gaidīt

dragen

nest

zitten

sēdēt

aankleden

uzģērbt

slapen

gulēt

ontwaken

pamosties

kijken naar
skatīties

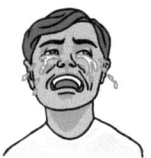

wenen
raudāt

aaien
glāstīt

kammen
ķemmēt

praten
runāt

begrijpen
saprast

vragen
jautāt

luisteren
dzirdēt

drinken
dzert

eten
ēst

opruimen
sakārtot

houden van
mīlēt

koken
vārīt

rijden
braukt

vliegen
lidot

zeilen

burot

rekenen

rēķināt

Lezen

lasīt

leren

mācīties

werken

strādāt

trouwen

precēties

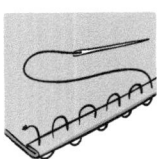

naaien

šūt

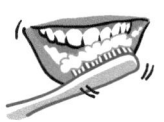

tandenpoetsen

tīrīt zobus

doden

nogalināt

roken

smēķēt

sturen

sūtīt

grootmoeder
vecāmāte

grootvader
vectēvs

vader
tēvs

moeder
māte

baby
mazulis

dochter
meita

zoon
dēls

gast
....
viesis

tante
....
tante

oom
....
onkulis

broer
....
brālis

zus
....
māsa

lichaam

ķermenis

voorhoofd
piere
oog
acs
schouder
plecs
vinger
pirksts
gezicht
seja
kin
zods
hand
roka
borst
krūtis
been
kāja
arm
roka

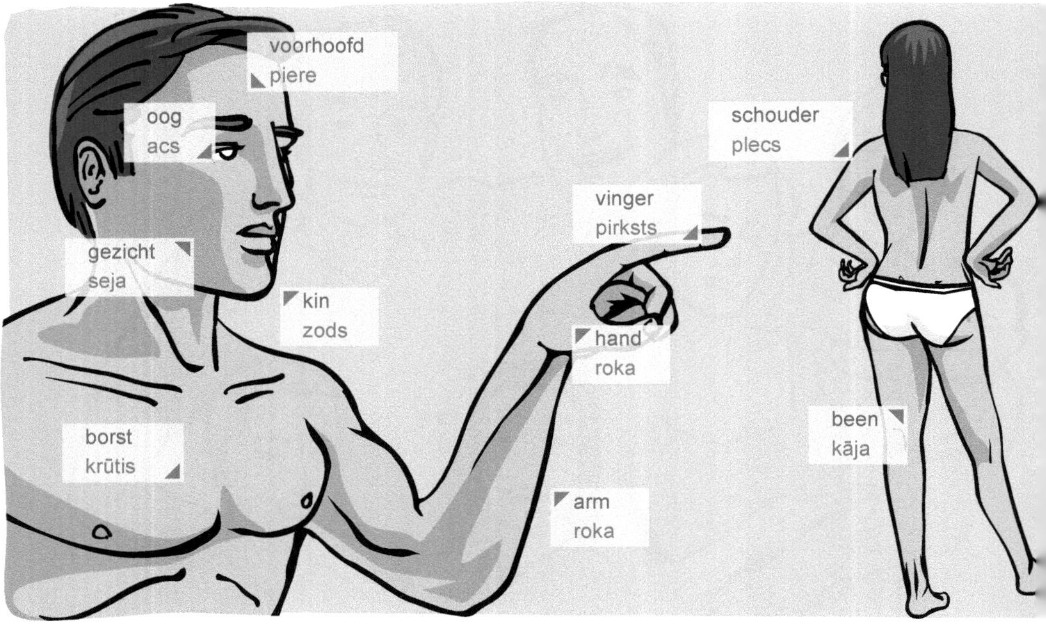

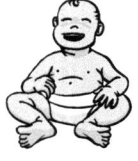

baby
mazulis

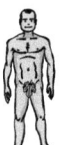

man
vīrietis

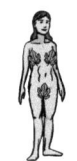

vrouw
sieviete

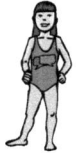

meisje
meitene

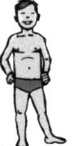

jongen
zēns

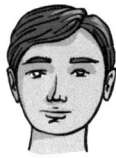

hoofd
galva

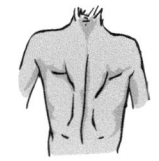

rug

mugura

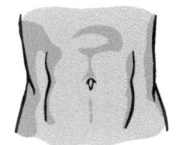

buik

vēders

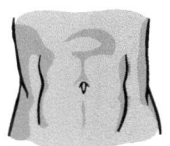

navel

naba

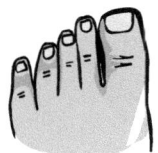

teen

kājas pirksts

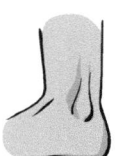

hiel

papēdis

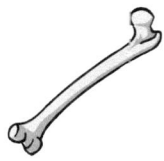

bot

kauls

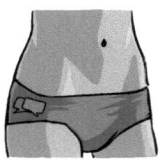

heup

gurns

knie

celis

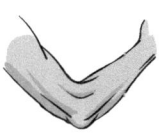

elleboog

elkonis

neus

deguns

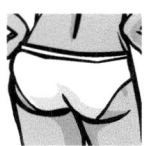

zitvlak

dibens

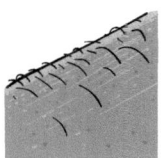

huid

āda

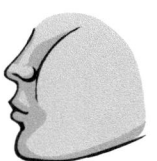

wang

vaigs

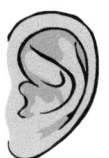

oor

auss

lip

lūpa

mond

mute

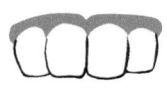

tand

zobs

tong

mēle

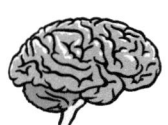

hersenen

smadzenes

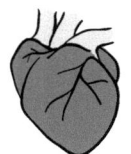

hart

sirds

spier

muskulis

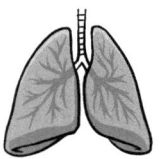

long

plaušas

lever

aknas

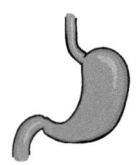

maag

kuņģis

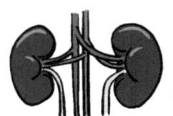

nieren

nieres

seks

dzimumakts

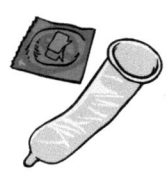

condoom

kondoms

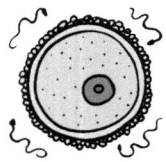

eicel

olšūna

sperma

sperma

zwangerschap

grūtniecība

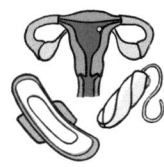

menstruatie

menstruācijas

vagina

vagīna

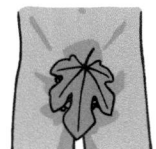

penis

penis

wenkbrauw

uzacs

haar

mati

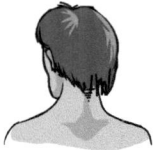

nek

kakls

ziekenhuis
slimnīca

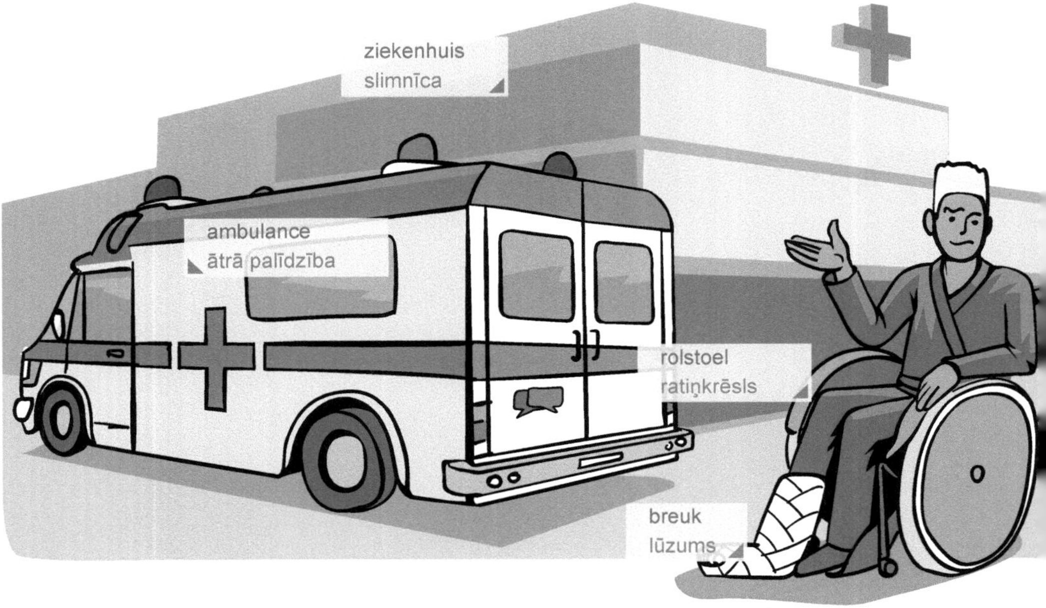

ziekenhuis
slimnīca
ambulance
ātrā palīdzība
rolstoel
ratiņkrēsls
breuk
lūzums

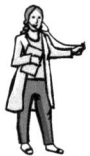

dokter

ārsts

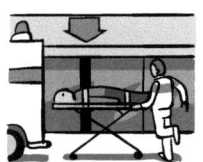

spoed

neatliekamās palīdzības nodaļa

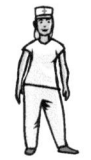

verpleegkundige

medmāsa

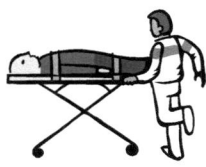

noodgeval

ārkārtas gadījums

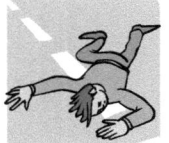

bewusteloos

paģībis

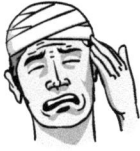

pijn

sāpes

verwonding

ievainojums

bloeding

asiņošana

hartaanval

sirdslēkme

beroerte

insults

allergie

alerģija

hoest

klepus

koorts

temperatūra

griep

gripa

diarree

caureja

hoofdpijn

galvassāpes

kanker

vēzis

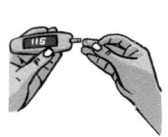

diabetes

diabēts

chirurg

ķirurgs

scalpel

skalpelis

operatie

operācija

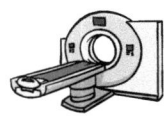

CT
datortomogrāfija

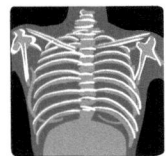

röntgenstraal
rentgents

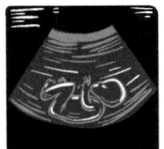

ultrageluid
ultraskaņa

gezichtsmasker
sejas maska

ziekte
slimība

wachtkamer
uzgaidāmā telpa

kruk
kruķis

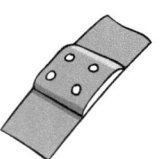

pleister
plāksteris

verband
apsējs

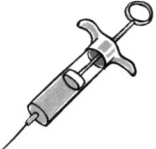

injectie
injekcija

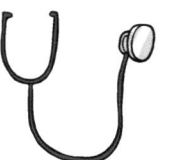

stethoscoop
stetoskops

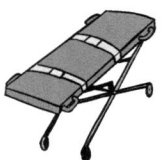

brancard
nestuves

thermometer
termometrs

geboorte
dzemdības

overgewicht
liekais svars

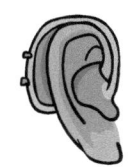

hooraapparaat

dzirdes aparāts

ontsmettingsmiddel

dezinfekcijas līdzeklis

infectie

infekcija

virus

vīruss

HIV / AIDS

HIV / AIDS

medicijn

zāles

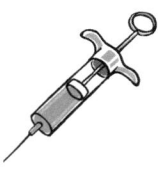

vaccinatie

pote

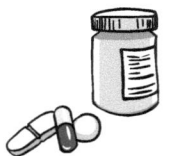

tabletten

tabletes

pil

pretapauglošanās tablete

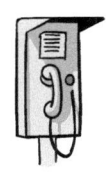

noodoproep

ārkārtas izsaukums

bloeddrukmeter

asinsspiediena mērītājs

ziek / gezond

slims / vesels

Help!
Palīgā!

alarm
trauksme

overval
uzbrukums

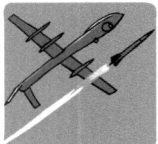

aanval
uzbrukums

gevaar
bīstamība

nooduitgang
avārijas izeja

Brand!
Uguns!

brandblusser
ugunsdzēšamais aparāts

ongeval
negadījums

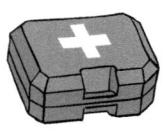

EHBO-kit
pirmās palīdzības aptieciņa

SOS
SOS

politie
policija

Europa

Eiropa

Noord-Amerika

Ziemeļamerika

Zuid-Amerika

Dienvidamerika

Afrika

Āfrika

Azië

Āzija

Australië

Austrālija

Atlantische Oceaan

Atlantijas okeāns

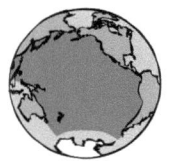

Stille Oceaan

Klusais okeāns

Indische Oceaan

Indijas okeāns

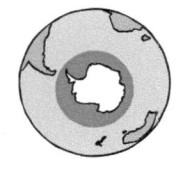

Antarctische Oceaan

Dienvidu okeāns

Arctische Oceaan

Ziemeļu ledus okeāns

Noordpool

Ziemeļpols

Zuidpool

Dienvidpols

Antarctica

Antarktika

aarde

zeme

land

zeme

zee

jūra

eiland

sala

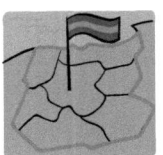

natie

nācija

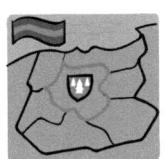

staat

valsts

aarde - zeme

klok
pulkstenis

wijzerplaat
ciparnīca

uurwijzer
stundu rādītājs

minuutwijzer
minūšu rādītājs

secondewijzer
sekunžu rādītājs

Hoe laat is het?
Cik ir pulkstenis?

dag
diena

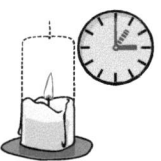

tijd
laiks

nu
tagad

digitale horlcge
digitālais pulkstenis

minuut
minūte

uur
stunda

klok - pulkstenis

79

week
nedēļa

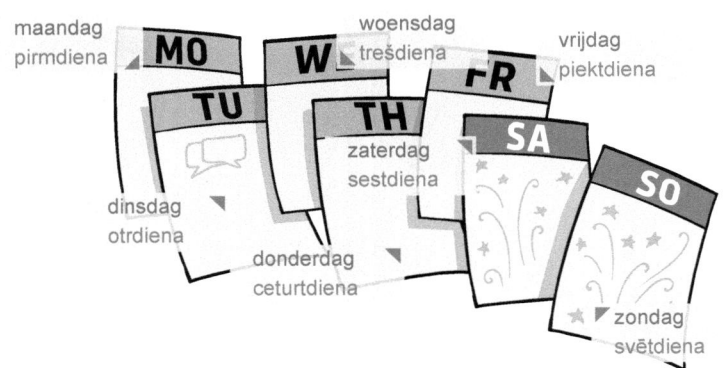

maandag / pirmdiena **MO**

woensdag / trešdiena **W**

vrijdag / piektdiena **FR**

TU dinsdag / otrdiena

TH donderdag / ceturtdiena

zaterdag / sestdiena **SA**

SO zondag / svētdiena

gisteren

vakardien

vandaag

šodien

morgen

rītdien

ochtend

rīts

middag

pusdienlaiks

avond

vakars

MO	TU	WE	TH	FR	SA	SU
1	2	3	4	5	6	7
8	9	10	11	12	13	14
15	16	17	18	19	20	21
22	23	24	25	26	27	28
29	30	31	1	2	3	4

werkdagen

darbadienas

MO	TU	WE	TH	FR	SA	SU
1	2	3	4	5	6	7
8	9	10	11	12	13	14
15	16	17	18	19	20	21
22	23	24	25	26	27	28
29	30	31	1	2	3	4

weekend

brīvdienas

regen
lietus

regenboog
varavīksne

sneeuw
sniegs

wind
vējš

lente
pavasaris

herfst
rudens

zomer
vasara

winter
ziema

4.APRIL	11°	☀
5.APRIL	4°	☁
6.APRIL	13°	☁
7.APRIL	8°	☀
8.APRIL	10°	☀

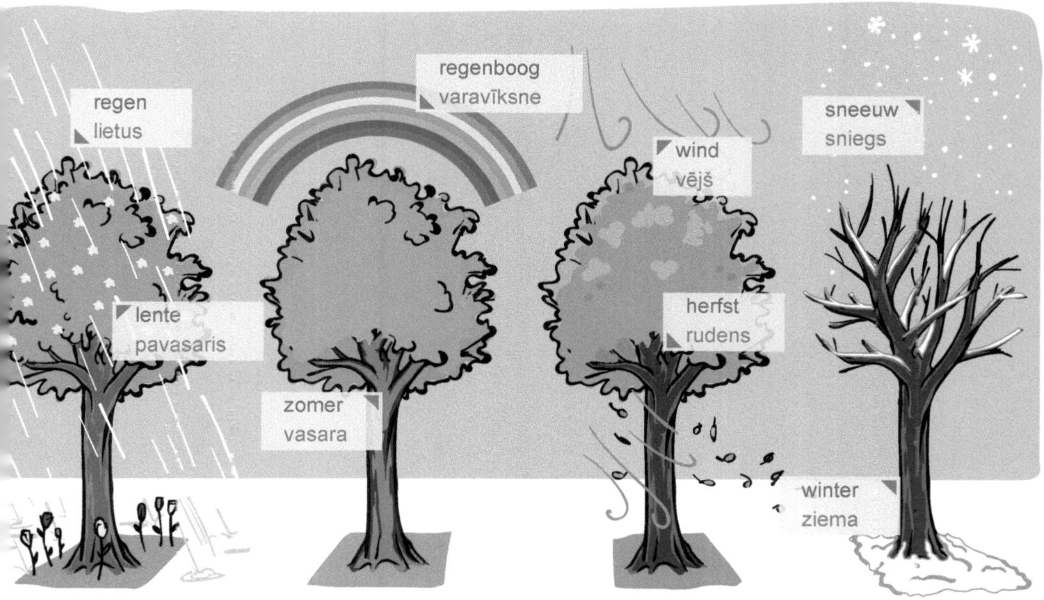

weervoorspelling

laika prognoze

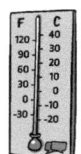

thermometer

termometrs

zonneschijn

saules gaisma

wolk

mākonis

mist

migla

vochtigheid

gaisa mitrums

bliksem

zibens

donder

pērkons

storm

vētra

hagel

krusa

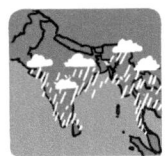

moesson

musons

overstroming

plūdi

ijs

ledus

januari

janvāris

februari

februāris

maart

marts

april

aprīlis

mei

maijs

juni

jūnijs

juli

jūlijs

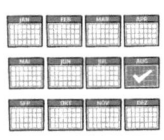

augustus

augusts

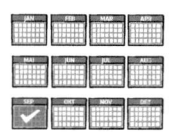

september
septembris

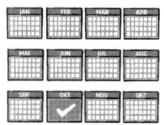

oktober
oktobris

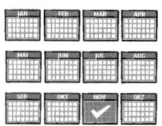

november
novembris

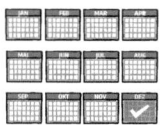

december
decembris

cirkel
aplis

kwadraat
kvadrāts

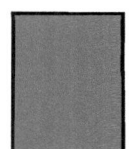

rechthoek
četrstūris

driehoek
trīsstūris

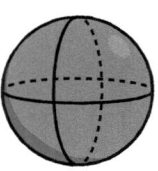

bol
lode

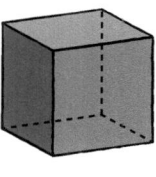

kubus
kubs

wit

balts

geel

dzeltens

oranje

oranžs

roze

sārts

rood

sarkans

paars

lillā

blauw

zils

groen

zaļš

bruin

brūns

grijs

pelēks

zwart

melns

veel / weinig

daudz / maz

boos / kalm

saniknots / miermīlīgs

mooi / lelij<

skaists / neglīts

begin / einde

sākums / beigas

groot / klein

liels / mazs

licht / donker

gaišs / tumśs

broer / zus

brālis / māsa

proper / vuil

tīrs / netīrs

volledig / onvolledig

pilnīgs / nepilﬁīgs

dag / nacht

diena / nakts

dood / levend

miris / dzīvs

breed / smal

plats / šaurs

eetbaar / oneetbaar

baudāms / nebaudāms

kwaadaardig / vriendelijk

nikns / laipns

opgewonden / verveeld

satraukts / garlaikots

dik / dun

resns / tievs

eerst / laatst

pirmais /pēdējais

vriend / vijand

draugs / ienaidnieks

vol / leeg

pilns / tukšs

hard / zacht

ciets / mīksts

zwaar / licht

smags / viegls

honger / dorst

izsalkums / slāpes

ziek / gezond

slims / vesels

illegaal / legaal

nelegāls / legāls

intelligent / dom

inteliģents / dumjš

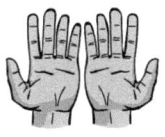

links / rechts

kreisais / labais

dichtbij / veraf

tuvu / tālu

nieuw / gebruikt

jauns / lietots

niets / iets

nekas / kaut kas

oud / jonc

vecs / jauns

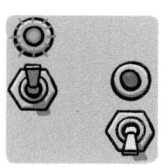

aan / uit

ieslēgts / izslēgts

open / dicht

atvērts / slēgts

stil / luid

kluss / ska̦š

rijk / arm

bagāts / nabags

juist / fout

pareizi / nepareizi

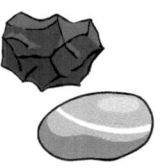

ruw / glad

raupjš / gluds

droevig / blij

noskumis / laimīgs

kort / lang

īss / garš

traag / snel

lēns / ātrs

nat / droog

slapjš / sauss

warm / koud

silts / vēss

oorlog / vrede

karš / miers

0

nul

nulle

1

één

viens

2

twee

divi

3

drie

trīs

4

vier

četri

5

vijf

pieci

6

zes

seši

7

zeven

septiņi

8

acht

astoņi

9

negen

deviņi

10

tien

desmit

11

elf

vienpadsmit

12

twaalf
divpadsmit

13

dertien
trīspadsmit

14

veertien
četrpadsmit

15

vijftien
piecpadsmit

16

zestien
sešpadsmit

17

zeventien
septiņpadsmit

18

achtien
astoņpadsmit

19

negentien
deviņpadsmit

20

twintig
divdesmit

100

honderd
simts

1.000

duizend
tūkstotis

1.000.000

miljoen
miljons

Talen
Valodas

Engels
....
anglu

Amerikaans Engels
....
amerikāņu angļu

Chinees (Mandarijn)
....
ķīniešu mandarīnu valoda

Hindi
....
hindi

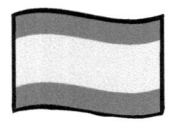

Spaans
....
spāņu

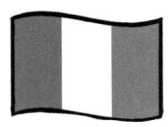

Frans
....
franču

Arabisch
....
arābu

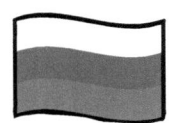

Russisch
....
krievu

Portugees
....
portugāļu

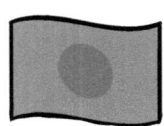

Bengali
....
bengāļu

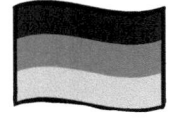

Duits
....
vācu

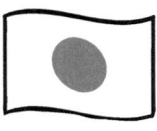

Japans
....
japāņu

ik
....
es

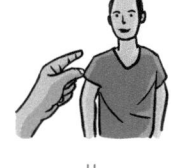

u
....
tu

hij / zij / het
....
viņš / viņa

wij
....
mēs

u
....
jūs

ze
....
viņi / viņas

wie?
....
kas?

wat?
....
ko?

hoe?
....
kā?

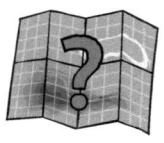

waar?
....
kur?

wanneer?
....
kad?

naam
....
vārds

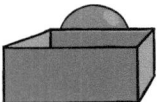

achter

aiz

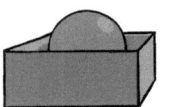

in

iekšā

voor

priekšā

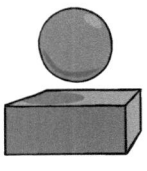

boven

virs

op

uz

onder

zem

naast

blakus

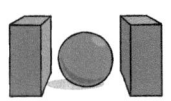

tussen

starp

plaats

vieta